LORIOT

WEIHNACHTEN BEI HOPPENSTEDTS

DIOGENES

radiobremen

Herausgegeben von Susanne von Bülow, Peter Geyer, OA Krimmel
Buchgestaltung: i_d buero

www.diogenes.ch
120/18/852/1
ISBN 978 3 257 02167 7

SPIELWAREN

Opa Hoppenstedt betritt einen Spielwarenladen. Er berührt eine kleine Guillotine. Das Fallbeil fällt, der Kopf der Puppe wird vom Rumpf getrennt.

OPA Haben Sie Spielzeug? … Zu Weihnachten … Für mein Enkelkind …

VERKÄUFERIN … Und was darf es da sein?

OPA Es muss ein bisschen was … *(macht eine aufmunternde Bewegung mit dem Arm)* … nicht wahr …

VERKÄUFERIN Wie alt ist denn das Kind?

OPA *(denkt nach)* … Ungefähr so … *(zeigt die Größe)*

VERKÄUFERIN Ein Junge oder Mädchen?

OPA *(denkt nach)* … Tja …

VERKÄUFERIN *(freundlich)* … Na, Sie werden doch wohl wissen, ob Ihr Enkelkind ein Junge oder ein Mädchen ist …

OPA Wieso?

VERKÄUFERIN Wie heißt denn das Kleine?

OPA Hoppenstedt … wir heißen alle Hoppenstedt …

VERKÄUFERIN … Und mit Vornamen?

OPA Dicki … Dicki Hoppenstedt …

VERKÄUFERIN … und es … es ist ein Mädchen?

OPA *(zögernd)* … nee …

VERKÄUFERIN Also ein Junge …

OPA *(zweifelnde Bewegung mit der Hand)* … Neeneeneenee …

VERKÄUFERIN *(verblüfft)* Was denn nun?

OPA *(denkt nach)* … So genau kann ich das nicht sagen …

VERKÄUFERIN Wie ist es denn angezogen? …

OPA Hosen … blaue Hosen …

VERKÄUFERIN Na, vielleicht haben Sie es ja auch mal ohne Höschen gesehen …

OPA Nein … wozu denn? … *(sieht sich scheu um)* …

Sagen Sie mal … was für ein Laden ist denn das hier?

VERKÄUFERIN *(zu umstehenden Damen)* … Ich hatte den Herrn nur gefragt, ob sein Enkelkind ein Junge oder ein Mädchen ist … *(zu Opa Hoppenstedt)* Wenn Ihr Enkelchen ein Zipfelchen hat, könnte man immerhin …

OPA Zipfelchen?!

VERKÄUFERIN Mein Gott, dann hat es eben *kein* Zipfelchen …

OPA Mein Enkelkind hat *alles,* was es *braucht*! Gesunde Eltern und ein anständiges Zuhause … und Zucht und Ordnung! *(schlägt mit der Faust auf den Tisch, so dass sich eine Gruppe Kleinspielzeuge schnarrend in Bewegung setzt)* Also haben Sie nun Spielzeug für anständige Kinder oder nicht? *(schlägt auf den Tisch, das Spielzeug steht still)*

VERKÄUFERIN *(nimmt ein Spiel aus dem Regal)* … Hier haben wir ein neuartiges Spiel für Jungen und Mädchen im Alter von fünf bis zehn Jahren …
Das wird *sehr* gern genommen … ›Wir bauen uns ein Atomkraftwerk‹ … Da haben die *Kinder* viel Spaß dran *und* die Eltern … es ist wirklich etwas für die ganze Familie … *(öffnet das Spiel)* … Hier ist die Spielanleitung … und das sind die einzelnen Teile, die zusammengesetzt werden … die Brennkammer, der Uranstab, Neutronenbeschleuniger, Kühlsystem und die Sicherheitskuppel …

OPA Und was ist das?

VERKÄUFERIN Das sind Kühe, Häuser und Menschen für die Landschaft drumrum … alles wunderhübsch gearbeitet …!

OPA Kann das auch richtig explodieren? *(macht aufmunternde Handbewegung)*

VERKÄUFERIN Ja … wenn man einen Fehler macht … gibt es auch eine kleine Explosion … natürlich nicht richtig … es ist ja für Kinder … Aber es macht Puff, und die Kühe fallen um und die kleinen Häuser und Menschen … da ist dann immer ein großes Halloo und viel Spaß … Möchten Sie es mitnehmen? …

OPA Jawohl … *(summt eine Marschmelodie)*

VERKÄUFERIN 64 Euro 50 … *(holt ein verpacktes Exemplar)* … Sie bekommen es originalverpackt …

OPA *(sucht nach Geld)* … Nehmen Sie auch Spielgeld? *(lacht albern)*

VERKÄUFERIN *(humorlos)* Nein … *(tippt an der Kasse)*

OPA *(bezahlt)*

VERKÄUFERIN *(übergibt das Paket)* Ich wünsche Ihnen ein frohes Fest und viel Freude mit dem schönen Spiel … *(Opa entfernt sich mit dem Paket. Er summt einen Marsch, wobei er den Schirm wie einen Tambourstab bewegt. Kurz vor Erreichen der Türe bleibt er mit seinem Schirm in einem großen unter der Decke befestigten Netz hängen. Im Hagel herabfallender Bälle verlässt er den Laden)*

VERTRETERKONFERENZ

Zehn Generalvertreter in dunklen Anzügen und dezenten Krawatten sitzen an einem langen Sitzungstisch. An der Wand befindet sich eine größere Tafel mit fallender Umsatzkurve, darunter ein Tisch mit dem Modell einer Haushaltsmaschine. Es handelt sich um den Saugblaser Heinzelmann HM 22. Am Kopf der Tafel sitzt der Firmenchef, Direktor Bockmüller. Am Fußende des Sitzungstisches sitzt Herr Jürgens, der jüngste leitende Herr. In seiner Nähe steht ein kompliziertes Telefon mit vielen Knöpfen und Lichtzeichen auf einem modernen, kleinen Rolltisch. Hinter Herrn Jürgens ist ein Lautsprecher auf einem Stativ sichtbar. Außer Jürgens und Bockmüller haben alle Herren den rechten Arm in einer Binde.

BOCKMÜLLER Meine Herren, unsere Produkte, in erster Linie der Saugblaser Heinzelmann HM 22 sind seit Jahren in der Haushaltsstahlwarenbranche führend. Die Tatsache, dass unsere Umsätze stagnieren, im Raum Hannover sogar rückläufig sind, gibt zu Besorgnis Anlass …

FRIEDHELM Herr Direktor Bockmüller, wir befinden uns im Weihnachtsgeschäft und …

BOCKMÜLLER Das ist mir bekannt …

LEISNER Und unsere Verkaufstaktik, den Saugblaser Heinzelmann im Arbeitsbereich der Hausfrau mit dem Arm in der Binde, als bedienungsfreundliches Einhandgerät vorzuführen, hat die Hausfrau überzeugt.

FRIEDHELM Herr Leisner, der Saugblaser Heinzelmann fehlt zurzeit in Goslar, Göttingen und Braunlage …

BOCKMÜLLER Meine Herren … ich schlage vor, eine konzertierte Aktion schwerpunktmäßig auf den Saugblaser Heinzelmann anzusetzen, ausgehend von den Vertreterberichten ab Juli 1976. Herr Jürgens, Sie haben ja alle Unterlagen …

JÜRGENS *(blättert unsicher in Papieren, die vor ihm auf dem Tisch liegen)*

BOCKMÜLLER Es genügen zunächst die wichtigsten Daten …

JÜRGENS Ich … äh … mir liegt das Material im Moment nicht vor … es befindet sich zur Überarbeitung in meiner Privatwohnung … *(Starre Blicke der Herren)* … Aber ich könnte mir die Daten telefonisch durchgeben lassen …

BOCKMÜLLER Das wäre sehr freundlich …

JÜRGENS *(rollt sich das Telefontischchen heran und wählt)* *(Die Herren unterhalten sich flüsternd)* Hallo … ach Püppilein, du bist's … hier ist der Pappi … holst du mal die Mami? *(zu den Herren)* … Das war meine Tochter … *(Die Herren hören auf zu reden und sehen ihn an)* Hallo … Elke … ach bitte, sei doch so freundlich und hole die grüne Mappe mit der Aufschrift »Eilt« an den Apparat … sie liegt auf dem Schreibtisch … ja? … nicht? … sie muss da liegen! … Oder unter dem Garderobenspiegel … *(wartet)* … bitte? … auch nicht? Dann kann sie nur auf dem Telefonbuch neben der Durchreiche sein … bitte? *(spielt nervös an den Knöpfen der komplizierten Tastatur)* … bitte sei doch so lieb und … ja … ja … jaja … *(berührt versehentlich einen Knopf, der die Stimme seiner Frau auf den Lautsprecher überträgt. Sieht überrascht und irritiert auf den Lautsprecher)*

LAUTSPRECHER *(lacht)* Pappi hat seine Schulmappe zu Hause gelassen und Mammi muss sie ihm hinterhertragen …

JÜRGENS *(versucht fortlaufend durch Drücken verschiedener Knöpfe die Stimme wegzuschalten)* … Ich sitze mit den Herren …

LAUTSPRECHER Mausepeter, ich habe beide Arme in der Wäsche …

JÜRGENS *(sieht scheu und verlegen in die Runde)* Ja …

LAUTSPRECHER Ich ruf dich in 'ner halben Stunde zurück …

JÜRGENS Wir benötigen jetzt für die Vorstandssitzung die Verkaufsunterlagen Herbst 76 …

LAUTSPRECHER Jaja, Liebchen, aber deine eingegipsten Herren müssen sich eben mal 'n Momentchen gedulden …

JÜRGENS Wir benötigen …

LAUTSPRECHER Ohne dich läuft doch sowieso nichts …

JÜRGENS Liebchen … *(setzt seine Bemühungen verzweifelt fort)*

LAUTSPRECHER Das sagst du doch immer, nu zeig's ihnen mal …

JÜRGENS Bitte?

LAUTSPRECHER … Oder lad sie für nächste Woche zum Essen ein …

JÜRGENS Ja …

LAUTSPRECHER … Sitzt da der ganze Außendienst zusammen?

JÜRGENS Ja, wir benötigen vor allem …

LAUTSPRECHER … Auch der Dicke mit der karierten Krawatte? Wie heißt der doch? Böhmkutter oder Bumsköter … *(lacht)* … heißt der wirklich Bumsköter?

JÜRGENS Halloo …

LAUTSPRECHER … Es saugt und bläst der Heinzelmann, wo Mutti sonst nur saugen kann … *(lacht)*

JÜRGENS *(lacht gequält)*

LAUTSPRECHER Bringt Direktor Bockmüller wieder seine Gattin mit, die fette Schnecke … *(lacht)*

(Durch das beidhändige Drücken aller Knöpfe ist die Leitung unterbrochen. Es herrscht tiefe Stille)

JÜRGENS *(stockend)* … Meine Frau lädt … wir laden … wir hätten Sie gern zum Abendessen bei uns … nächste Woche … es gäbe Schnecken … fette … Schnecken …

DIE JODELSCHULE

Etwa fünfundzwanzig Schüler im Alter zwischen dreißig und fünfzig Jahren sitzen im Unterrichtsraum eines Instituts für Erwachsenenbildung. Der Lehrer diktiert, die Schüler schreiben mit.

LEHRER Holleri di dudl jö … *(langsam wiederholend)* Holleri di dudl jö …

DR. SUDERMANN Wie schreibt man »di dudl«?

LEHRER Wie man's spricht: Di-du-dl … *(fährt fort)* Diri di di dudl dö …
(langsam wiederholend) Diri di di dudl dö …

LILIENCRON Du – del?

LEHRER Dl … dudl … *(fährt fort)* Hollera di dadl do … *(langsam wiederholend)* … Hollera di dadl do … Holleri du dödl di … *(langsam wiederholend)* … Holleri du dödl di … Diri diri dudl du … *(langsam wiederholend)* … Diri … diri dudl du … das genügt … Wir wollen versuchen, die bisher erarbeiteten Grundmotive des Erzherzog-Johann-Jodlers frei vorzutragen … bitte Herr Doktor Sudermann … Holleri …

DR. SUDERMANN *(langsam)* Holleri … di …

LEHRER Dudl …

DR. SUDERMANN Dudl …

LEHRER Jö …

DR. SUDERMANN Jö …

LEHRER Herr von Liliencron … Hollera …

LILIENCRON Hollera di dadl do …

LEHRER Danke … Frau Hoppenstedt …

FR. HOPPENSTEDT Hollera da didl …

LEHRER *(unterbricht)* Holleri …

FR. HOPPENSTEDT Holleri di dudl du …

LEHRER *(unterbricht)* Du dödl di …

FR. HOPPENSTEDT Äh … Holleri du dödl du …

LEHRER Du dödl di … im ganzen Satz …

FR. HOPPENSTEDT Hollerö dö dudl dö …

LEHRER Du dödl di! Dö dudl dö ist zweites Futur bei Sonnenaufgang … Holleri du didl do …

FR. HOPPENSTEDT *(verbessernd)* … Di dudl dö …

LEHRER Äh … du dödl di …

FR. HOPPENSTEDT Hollahi …

LEHRER Holleri …

FR. HOPPENSTEDT Holleri … dö didl …

LEHRER Du dödl …

FR. HOPPENSTEDT Du dödl di …

LEHRER Und alle bitte …

SCHÜLER Holleri du dödl di … diri diri dudl dö …

LEHRER Danke, das war's für heute … Wir sehen uns wieder am Donnerstag um 15 Uhr 30 …
(Die Schüler verlassen den Schulraum. Reporter Schmoller vertritt Frau Hoppenstedt den Weg. Der Lehrer tritt dazu)

SCHMOLLER Entschuldigen Sie, ich komme von Radio Bremen … würden Sie so freundlich sein und für unser Frauenjournal ganz kurz ein paar Fragen beantworten …?

FR. HOPPENSTEDT Wenn es nicht zu lange dauert …

SCHMOLLER Wie ist Ihr Name?

FR. HOPPENSTEDT Hoppenstedt …

SCHMOLLER Herr Dr. Vogler, wie erklären Sie sich den ständig wachsenden Zulauf Ihres Institutes?

LEHRER Ja, da haben Sie ganz recht … Herr … Schmoller … ich habe das Vogler-Institut … das Institut für modernes Jodeln … persönlich ins Leben gerufen … Das Jodeln … also das Diplomjodeln … das Jodeln mit Jodeldiplom … also mit Jodelabschluss … mit Jodeldiplomabschluss, unterscheidet sich vom Jodeln ohne Jodeldiplom. Das Diplomjodeln ist also nicht zu vergleichen mit dem Normaljodeln ohne Diplom … Also ohne Jodelabschluss … Jodeldiplomabschluss …

LILIENCRON Entschuldigung, du dödl du?

LEHRER Du dödl di!

SCHMOLLER *(zu Frau Hoppenstedt)* Frau Hoppenstedt, was hat Sie als Frau veranlasst, in eine Jodelschule einzutreten?

FR. HOPPENSTEDT Da regt mich ja die Frage schon auf! Was heißt denn »Sie als Frau«?! Eine Berufsausbildung ist doch nicht grundsätzlich von Männern gepachtet!

SCHMOLLER … Ich meine ja auch nicht …

FR. HOPPENSTEDT … Ich finde, gerade eine Hausfrau mit Familie sollte eine abgeschlossene Berufsausbildung haben. Wenn mal die Kinder aus dem Haus sind oder es passiert irgendwas … dann habe ich nach zwei Jahren Jodelschule mein Jodeldiplom … da hab ich was in der Hand … und ich habe als Frau das Gefühl, dass ich auf eigenen Füßen stehe … Da hab ich was Eigenes … da hab ich mein Jodeldiplom. Ich möchte auch als Frau eine sinnvolle Tätigkeit ausüben und nicht nur am Kochtopf stehen und meinem Mann die Hausschuhe hinterhertragen …

SCHMOLLER Ist Ihr Gatte auch dieser Ansicht?

FR. HOPPENSTEDT Mein Mann möchte eine echte Partnerin haben, die ihre eigenen geistigen Fähigkeiten entwickelt … für die Familie, für die Gesellschaft …

SCHMOLLER Holleri du dödl do …

FR. HOPPENSTEDT *(korrigiert)* Di dudl dö!

LEHRER *(korrigiert)* Du dödl di!

(Herr Hoppenstedt tritt dazu, um seine Frau abzuholen)

FR. HOPPENSTEDT Das ist mein Mann … Herr Schmoller …

HR. HOPPENSTEDT Hoppenstedt …

SCHMOLLER Angenehm …

HR. HOPPENSTEDT Angenehm … Sie jodeln mit meiner Frau?

SCHMOLLER Nein, ich bin von Radio Bremen …

HR. HOPPENSTEDT Ach! … meine Frau jodelt beruflich …

FR. HOPPENSTEDT Herr Schmoller hat gerade ein Interview für den Frauenfunk …

HR. HOPPENSTEDT *(unterbricht)* … Sie studiert hier Jodeln an der Fachschule für Jodeln …

SCHMOLLER Ich habe gerade mit Ihrer Frau …

HR. HOPPENSTEDT *(unterbricht)* … und macht dann in zwei Jahren ihr Jodeldiplom …

FR. HOPPENSTEDT Das habe ich eben …

HR. HOPPENSTEDT Dann ist sie selbständig … eine Frau sollte heutzutage eine abgeschlossene Ausbildung haben und auf eigenen Füßen stehen …

SCHMOLLER Ich habe das …

HR. HOPPENSTEDT … Man braucht als Mann eine Partnerin … eine Frau mit eigenem Lebensbereich …

FR. HOPPENSTEDT Jaja …

HR. HOPPENSTEDT Sie muss ihre persönlichen Fähigkeiten entwickeln, damit sie was Eigenes hat …

SCHMOLLER Ja …

HR. HOPPENSTEDT … Wenn die Kinder mal aus dem Haus sind, dann hat sie ihr Jodeldiplom … dann hat sie was Eigenes …

(Betretenes Schweigen)

SCHMOLLER Tja … dann also … *(verabschiedet sich durch Kopfnicken und entfernt sich)*

HR. HOPPENSTEDT Die tun immer so, als wüssten sie alles …

FR. HOPPENSTEDT Ich habe ihm das alles doch eben schon …

HR. HOPPENSTEDT *(unterbricht)* … Du solltest mich vor allem nicht unterbrechen, wenn ich einem Herrn etwas mitzuteilen habe … *(Sie haben den Wagen erreicht. Er beginnt, einzusteigen)* So, ich muss los und vergiss nicht, wir sind heute Abend mit Pröhls zum Essen verabredet … *(Er schlägt die Wagentür zu. Frau Hoppenstedt geht zu Fuß weiter)*

ÄLTERER HERR *(tritt von der Seite an Frau Hoppenstedt heran und spricht im Gehen auf sie ein)*

Entschuldigen Sie, benötigen Sie einen Weihnachtsmann? *(setzt eine rote Mütze auf)*

FR. HOPPENSTEDT Nein, vielen Dank …

ÄLTERER HERR Für die Familienfeier … die Betriebsweihnacht … *(holt einen Ausweis aus der Brieftasche)* …

Ich bin Student … ich kann mein Studium nur beenden, wenn ich …

FR. HOPPENSTEDT *(unterbricht)* Dankeschön …

(Älterer Herr bleibt zurück, nimmt die Mütze ab und wendet sich anderen Passanten zu. Frau Hoppenstedt setzt ihren Weg fort, erreicht ihre Haustüre und tritt ein)

Treppenhaus

(Frau Hoppenstedt betritt das Treppenhaus und geht während des folgenden Gesprächs die Treppe hinauf, wobei sie in der Tasche die Wohnungsschlüssel sucht)

HAUSFRAU *(in spaltbreit geöffneter Tür des 1. Stocks)* Sie wünschen?

BLÜHMEL Blühmel ist mein Name … wenn ich Sie einen Augenblick sprechen darf … Ich komme mit einer großen Überraschung für die Feiertage … *(Die Tür wird zugeschlagen)*

VERTRETERBESUCH

Frau Hoppenstedt ist die Treppe hinaufgegangen. Vor der Hoppenstedt'schen Wohnung im ersten Stock tritt ein Herr mit Köfferchen auf sie zu.

BLÜHMEL Blühmel ist mein Name, wenn ich Sie einen Augenblick privat sprechen darf …

FR. HOPPENSTEDT *(schließt auf und betritt ängstlich ihre Wohnung)* Ist was passiert?

BLÜHMEL *(das Namensschild lesend und hinter ihr durch die Tür drängend)* Frau … Hoppenstedt, ich komme mit einer großen Überraschung für die Feiertage …

FR. HOPPENSTEDT Das passt mir heute überhaupt nicht … *(legt ab und nimmt in der Sitzgruppe Platz)*

BLÜHMEL *(klopft an den Rahmen der Wohnzimmertür und betritt den Wohnraum)* Die Firma Pahlgruber & Söhne schenkt Ihnen sechs Flaschen Qualitätswein aus Deutschland und Frankreich nach Ihrer Wahl … *(entnimmt seinem Köfferchen sechs Flaschen, die er rasch entkorkt, und sechs Gläser, die er anhaucht und abwischt. Gießt dann mit gezierten Bewegungen verschiedene Weine in die Gläser und setzt sich)* … die Firma Pahlgruber & Söhne möchte Ihnen aus Anlass der bevorstehenden Feiertage eine Freude bereiten … wenn Sie jetzt kosten wollen … *(nimmt sich selbst das erste Glas und probiert schlürfend)* Nein … nein … nehmen Sie erst diesen … *(probiert aus dem zweiten Glas)*

FR. HOPPENSTEDT *(will nach dem Glas greifen)*

BLÜHMEL *(hat inzwischen den dritten Wein probiert)* Nein … den … den zuerst!

FR. HOPPENSTEDT *(trinkt)*

BLÜHMEL *(probiert gleichzeitig den vierten Wein)* Ja! … von deutschen Sonnenhügeln frisch auf den Tisch …

eine 77er Oberföhringer Vogelspinne … abgezapft und originalverkorkt von … *(schlägt launig auf die Flaschenöffnung)* … Pahlgruber & Söhne … Was spüren Sie auf der Zunge …?

FR. HOPPENSTEDT … so ein pelziges Gefühl …

BLÜHMEL *(liest in der Weinliste)* Falsch! … die Oberföhringer Vogelspinne ist blumig … und überrascht durch ihre fruchtige Frische … Tjaaaa! Und jetzt mal diese beiden … *(schiebt ihr den ersten und zweiten Wein zu und greift selbst zur fünften Flasche. Frau Hoppenstedt probiert beide Weine nacheinander)* Der 75er Klöbener Krötenpfuhl *(schiebt ihr den vierten Wein zu)* … *und* ein 74er Hupfheimer Jungferngärtchen … *(kichert)* … abgezapft und originalverkorkt von … *(schlägt launig auf die Flaschenöffnung)* Pahlgruber & Söhne … Wohlsein!

FR. HOPPENSTEDT Ich weiß nicht …

BLÜHMEL *(schiebt ihr den dritten Wein zu)* … Und noch mal den zum Vergleich … Sie müssen ihn unter die Zunge kriegen!

FR. HOPPENSTEDT *(schlürft unbeholfen)* … das schmeckt alles wie der erste …

BLÜHMEL Falsch … wie der zweite … *Das* ist es … einer wie der andere … *das* ist Qualität! *(probiert Wein fünf und sechs)*

FR. HOPPENSTEDT Schmeckt er auch nach Korken? Mein Mann fragt immer, ob er nach Korken schmeckt …

BLÜHMEL Habe ich gerade probiert … können sich darauf

verlassen … also ich darf mal notieren … *(nimmt Bestellblock und schreibt)* … Je zwölf Flaschen Oberföhringer Vogelspinne, Bacharacher Trockenes Domtal, Klöbener Krötenpfuhl und Hupfheimer Jungferngärtchen … abgezapft und originalverkorkt von … *(schlägt launig auf die Flaschenöffnung)* Pahlgruber & Söhne …

FR. HOPPENSTEDT … und die kriege ich geschenkt? …

BLÜHMEL … Bei Abnahme von je einem Karton Qualitätswein erhalten Sie je eine Flasche kostenlos … wenn Sie hier unterschreiben wollen …
(Es klingelt)

FR. HOPPENSTEDT Entschuldigen Sie … *(steht unsicher auf und verlässt das Zimmer)*

Diele

(Fr. Hoppenstedt öffnet die Wohnungstür und sieht sich einem Staubsaugervertreter gegenüber, der einen Arm in der Binde trägt)

JÜRGENS Herzlichen Glückwunsch, Frau Hoppenstedt, Sie sind die erste Hausfrau, die sich von den sensationellen Eigenschaften unseres Einhand-Saugblasers Heinzelmann persönlich überzeugen kann … *(drängt in die Wohnung)*

FR. HOPPENSTEDT *(mit etwas schwerer Zunge)* … Da kommen Sie leider sehr ungelegen …

JÜRGENS *(klopft an den Türrahmen)* Ist das der Wohnraum? *(tritt ein)*

Wohnzimmer

JÜRGENS Oh, Sie haben Besuch …

FR. HOPPENSTEDT Das ist Herr Blühmel …

BLÜHMEL *(erhebt sich schwankend)* … Angenehm …

JÜRGENS Jürgens ist mein Name … *(packt mit routinierten Griffen den Saugblaser aus und setzt ihn zusammen)* Sie haben ein sehr gepflegtes Heim, gnä' Frau, das macht viel Arbeit, und wie ist es mit der Frisur? Sehen Sie, die kommt zu kurz! Die Auslegeware wird gesaugt, und wann wird das Haar geföhnt? Keine Zeit! Alle Hände voll zu tun. Das ist vorbei! Für unseren Saugblaser Heinzelmann brauchen Sie nur *eine* Hand bei doppelter Leistung. Der Saugblaser Heinzelmann pflegt den Raum *und* pflegt das Haar. Es saugt und bläst der Heinzelmann, wo Mutti sonst nur saugen kann … *(sieht sich nach der Steckdose um und steckt das Kabel ein)* … Die durch den Saugstutzen angesaugte Luft wird *im* Filter gereinigt, vorgewärmt und bläst *durch* den Blasstutzen, in die Trockenhaube, *auf* Ihr Haar … darf ich … *(setzt Frau Hoppenstedt die Haube auf. Schaltet ein, die Haube bläht sich auf. Frau Hoppenstedt saugt)* Es saugt und bläst der Heinzelmann, wo Mutti sonst nur saugen kann … Spüren Sie, wie wohl es Ihrem Haar tut?

FR. HOPPENSTEDT *(der die Haube über die Augen gerutscht ist)* Und wie nimmt man die Haube ab?

JÜRGENS Einfach nach oben … *(stellt das Gerät ab)* Erlauben Sie …? *(nimmt die Haube nach oben ab, wobei die Haare in der Haube hängenbleiben)* Ah-ja! Gut, dass das jetzt passiert, wo ich gerade da bin … gut, dass es jetzt passiert! *(löst die Haube von den verwüsteten Haaren)* … Ich seh mal nach, woran es liegt! *(setzt die Haube sich selbst auf)* *(Aus dem Nebenzimmer erscheint Opa)*

FR. HOPPENSTEDT Das ist mein Schwiegervater …

JÜRGENS Jürgens ist mein Name …

BLÜHMEL *(der ständig weiterprobiert hat, erhebt sich schwankend, mit zwei Rotweinflaschen in den Händen)* Blühmel … *(setzt sich)*

OPA *(verschwindet wortlos im Hintergrund und bläst sich einen Marsch)*

BLÜHMEL … Zwischenzeitlich erlaubt sich die Firma Pahlgruber & Söhne, Ihnen einen vollmundigen Burgunder anzubieten … *(schenkt Frau Hoppenstedt planschend ein)* Damit die Blume sich entfaltet … *(Schluckauf)* … Hopsa … *Das* ist Burgunder … *(gießt aus der zweiten Flasche in dasselbe Glas)* … und *das* ist Bordeaux!

FR. HOPPENSTEDT *(trinkt)*

BLÜHMEL … Herr Jürgens, Sie sollten sich auch von der Leistungsfähigkeit unserer Firma überzeugen …

JÜRGENS *(mit der Haube auf dem Kopf und Teilen des Saugblasers in der Hand)*
… Ich trinke sonst nur abends eine Kleinigkeit …

BLÜHMEL Bedienen Sie sich … Diese Weine haben die Sonne eingefangen … Wohlsein!
(Alle trinken)

BLÜHMEL Abgezapft und originalverkorkst von … *(schlägt launig auf die Flaschenöffnung)* Pahlgruber & Söhne …

FR. HOPPENSTEDT *(Schluckauf, kichert)*

BLÜHMEL *(kichert)*

FR. HOPPENSTEDT *(heiter)* Ich mach uns ein paar Schnittchen … *(verlässt schwankend den Raum)*

BLÜHMEL *(hinterherrufend)* … Mit Ei … mit Ei und Wurst!

JÜRGENS *(mit Einzelteilen des Gerätes und einem Glas Wein in der Hand in einer Bedienungsanleitung lesend)* … den Blasstutzen und den Schlauchstecker in die Schlauchnut … die Schlauchnut schieben … *(nimmt weitere Teile auseinander und legt sie auf die Sessellehne)*

DICKI *(ein etwa siebenjähriges Kind kommt herein, sieht stumm auf Herrn Jürgens und schiebt langsam ein Geräteteil von der Sessellehne, das Jürgens grade noch auffängt)*

JÜRGENS *(bastelnd, mit scharfem Blick auf Dicki)* … den Schlauchstecker durch die Filterhaube ziehen und in die Schlauchnut …

FR. HOPPENSTEDT *(kommt angetrunken mit der Schnittchenplatte zurück)* Da bin ich wieder …

DICKI *(streckt Herrn Jürgens die Zunge raus)*

JÜRGENS Ein hübsches Kind … *(Es klingelt)*

FR. HOPPENSTEDT Entschuldigen Sie bitte … *(erhebt sich schwankend)*

BLÜHMEL *(mit vollem Mund)* Bitte sehr …

Diele

(Fr. Hoppenstedt öffnet die Wohnungstür. Ihr Blick fällt auf einen Versicherungsvertreter)

SCHOBER Schober ist mein Name, ich komme von der Allgemeinen Hannoverschen Lebens- und Krankenversicherungs-GmbH …

Wohnzimmer

FR. HOPPENSTEDT *(tritt mit Schober ein)* Das ist Herr Schober …

BLÜHMEL *(kauend)* Blühmel …

SCHOBER Angenehm …

JÜRGENS *(kaut mit glasigem Blick)* Angenehm …

BLÜHMEL Ach was!

FR. HOPPENSTEDT Bitte, nehmen Sie doch Platz … Dicki … geh schön spielen … *(setzt sich)*

DICKI *(schiebt ein Geräteteil von der Sessellehne und streckt die Zunge heraus)*

SCHOBER *(nimmt Akten aus seiner Tasche. Setzt sich)* Gnä' Frau, Sie haben den Tarif B 12 mit Tagegeld und A3 Zahnersatz …

BLÜHMEL *(reicht ihm ein Glas)* … Da wird Sie eine kleine Kostprobe deutscher Qualitätsweine interessieren …

SCHOBER *(greift zu)* … Sehr freundlich … *(trinkt)*

JÜRGENS *(kauend)* … Übrigens ist dieses Gerät in Silbergrau und Ruschiss … Russischgrün lieferbar …

ich muss nur noch den Stauchschlecker … den Schlauchstecker in die Schnut … in die Schlauchnut schieben … *(trinkt)*

FR. HOPPENSTEDT Muss ich denn jedes Mal, wenn ich sauge oder saugblase, den Schlauchstecker in die Schlauchnut schieben?

JÜRGENS … wie Sie wünschen, gnä' Frau …

BLÜHMEL *(hebt ein Glas)* Wohlsein!

FR. HOPPENSTEDT Wohlsein!

SCHOBER Wohlsein!

JÜRGENS Wohlsein!

(Alle trinken, die Stimmung steigt)

BLÜHMEL Sei kein Frosch, Herr Jürgens …

JÜRGENS *(mit schwerer Zunge)* … ich liebe den Saugblaser Heinzelmann, weil ich den Saugblaser liebe *und* den Heinzelmann …

BLÜHMEL *(lallend)* … Herr Schober ist kein Frosch … gnä' Frau ist kein Frosch … und ich bin kein Frosch …

FR. HOPPENSTEDT Meine Herren …

SCHOBER *(klopft ans Glas)* Pscht … pscht … Frau Hopp … Frau Hopp … Frau Hoppenstedt will was sagen …

FR. HOPPENSTEDT *(mit glasigem Blick)* Meine Herren … nicht nur der Mann hat das Recht auf eine sinnvolle Tätigkeit … auch ich als Frau habe Anspruch darauf, ein Glied zu sein … in der Gesellschaft … ein selbständiges Glied … das auf eigenen Füßen steht … ein eigenes Glied … Wohlsein … *(erhebt das Glas)*

BLÜHMEL Wohlsein …

JÜRGENS Wohlsein …

SCHOBER Wohlsein …

(Alle setzen zum Trinken an)

HR. HOPPENSTEDT *(betritt das Zimmer und erstarrt)*

FR. HOPPENSTEDT Das ist mein Mann …
(Die Herren erheben sich taumelnd)
Herr Blühmel … Herr Jürgens … Herr Schober …

SCHOBER … die Hannoversche Allgemeine … die Allgemeine Hannoversche Lebens- und Krankenversicherungs-GmbH beehrt sich, Ihnen die Allgemeinen Hannoverschen Lebens- und Krankenversicherungstarife nach der allgemeinen … der allgemeinen …

BLÜHMEL Ich bin kein Frosch …

JÜRGENS *(ins Wort fallend)* … Sie haben so wundervolles Haar … *(setzt dem kahlköpfigen Herrn Hoppenstedt die Haube auf)* … Es saugt und bläst der Heinzelmann …

FR. HOPPENSTEDT … wo Mutti sonst nur blasen kann …

BLÜHMEL Sei kein Frosch …

ADVENT

Nun etwas Besinnliches. Es soll am heutigen Sonntag ruhig auch mal ein Künstler zu Wort kommen. Wir bitten daher den Dichter Heinrich Scholz, von dem wir glauben, dass er wie kein anderer berufen ist, uns etwas aus seinem Werk vorzulesen.

SCHOLZ Es blaut die Nacht, die Sternlein blinken,
Schneeflöcklein leis herniedersinken.
Auf Edeltännleins grünem Wipfel
häuft sich ein kleiner weißer Zipfel.
Und dort vom Fenster her durchbricht
den dunklen Tann ein warmes Licht.
Im Forsthaus kniet bei Kerzenschimmer
die Försterin im Herrenzimmer.
In dieser wunderschönen Nacht
hat sie den Förster umgebracht.
Er war ihr bei des Heimes Pflege
seit langer Zeit schon sehr im Wege.
So kam sie mit sich überein:
am Niklasabend muss es sein.
Und als das Rehlein ging zur Ruh',
das Häslein tat die Augen zu,
erlegte sie direkt von vorn
den Gatten über Kimm und Korn.

Vom Knall geweckt rümpft nur der Hase
zwei-, drei-, viermal die Schnuppernase
und ruhet weiter süß im Dunkeln,
derweil die Sternlein traulich funkeln.

Und in der guten Stube drinnen,
da läuft des Försters Blut von hinnen.
Nun muss die Försterin sich eilen,
den Gatten sauber zu zerteilen.
Schnell hat sie ihn bis auf die Knochen
nach Waidmanns Sitte aufgebrochen.
Voll Sorgfalt legt sie Glied auf Glied
(was der Gemahl bisher vermied) –,
behält ein Teil Filet zurück
als festtägliches Bratenstück
und packt zum Schluss, es geht auf vier,
die Reste in Geschenkpapier.
Da tönt's von fern wie Silberschellen,
im Dorfe hört man Hunde bellen.
Wer ist's, der in so tiefer Nacht
im Schnee noch seine Runde macht?
Knecht Ruprecht kommt mit goldnem Schlitten
auf einem Hirsch herangeritten!

»He, gute Frau, habt ihr noch Sachen,
die armen Menschen Freude machen?«
Des Försters Haus ist tief verschneit,
doch seine Frau steht schon bereit:
»Die sechs Pakete, heil'ger Mann,
's ist alles, was ich geben kann.«
Die Silberschellen klingen leise,
Knecht Ruprecht macht sich auf die Reise.
Im Försterhaus die Kerze brennt,
ein Sternlein blinkt – es ist Advent.

KOSAKENZIPFEL

Die Ehepaare Hoppenstedt und Pröhl feiern in einem eleganten Restaurant das fünfjährige Bestehen ihrer Freundschaft. Sie haben soeben in gehobener Stimmung das Hauptgericht zu sich genommen.

FRAU PRÖHL Ach, war das köstlich!

HR. HOPPENSTEDT Ganz ausgezeichnet …

HERR PRÖHL *(gießt gleichzeitig den Rest Wein in die Gläser)* Der darf nicht umkommen!

FR. HOPPENSTEDT Herr Pröhl, Sie müssen noch von den Böhnchen nehmen …

HERR PRÖHL Vielen Dank, gnä' Frau …

FRAU PRÖHL Herr Hoppenstedt …! *(schiebt ihm die Platte mit einem Fleischrest zu)*

HR. HOPPENSTEDT … Räumlich unmöglich …

FRAU PRÖHL Ach …

HR. HOPPENSTEDT *(klopft ans Glas)*

HERR PRÖHL … Pscht …

HR. HOPPENSTEDT Verehrte gnädige Frau, lieber Herr Pröhl …

OBER *(unterbricht)* Wünschen die Herrschaften noch ein Dessert?

HERR PRÖHL Etwas Süßes in Ehren kann niemand verwehren! *(Allgemeines dummes Gelächter)*

FR. HOPPENSTEDT Was gibt es denn Schönes?

OBER Flambierte Himbeeren, Crème Caramel, Birne Helene …

FRAU PRÖHL Köstlich …

FR. HOPPENSTEDT Ich hätte gern eine Crème Caramel …

FRAU PRÖHL Das nehme ich auch!

HR. HOPPENSTEDT Sie hatten doch immer so eine Spezialität …

OBER Kosakenzipfel …

HR. HOPPENSTEDT Kosakenzipfel! Das ist das Größte!

FR. HOPPENSTEDT Den müssen Sie probieren!

HR. HOPPENSTEDT *(zum Ober)* Zwei Kosakenzipfel!

HERR PRÖHL Kosakenzipfel?

OBER Das ist ein Mokka-Trüffel-Parfait mit einem Zitronencreme-Bällchen …

HERR PRÖHL Hervorragend!

OBER Zwei Crème Caramel … zwei Kosakenzipfel. *(ab)*

FR. HOPPENSTEDT Ach, was werden wir heute verwöhnt!

HR. HOPPENSTEDT *(klopft ans Glas)*

FRAU PRÖHL Jetzt aber!

HERR PRÖHL Pscht!

HR. HOPPENSTEDT Verehrte gnädige Frau, lieber Herr Pröhl, es ist heute fünf Jahre her, dass meine Gattin und ich Ihre Gattin und Sie auf dem Campingplatz in Klagenfurt kennengelernt haben … und dass wir seitdem … und dass uns … jawohl, so etwas wie eine Freundschaft verbindet … Das ist ein Grund zum Feiern … und ich möchte … und wenn wir jetzt das Glas erheben … ich meine, wir sollten das förmliche »Sie« … also, ich heiße Walter …!

HERR PRÖHL Bravo! *(erhebt sein Glas, allgemeines Anstoßen, Zuprosten mit Anrede durch Vornamen)* Liselotte …

FR. HOPPENSTEDT Erich …

HR. HOPPENSTEDT Roswitha …

FRAU PRÖHL Walter … Liselotte …

HR. HOPPENSTEDT Erich …

HERR PRÖHL Walter …

OBER Es tut mir leid, aber wir haben nur noch *einen* Kosakenzipfel!

ALLE Ooooch …

HERR PRÖHL Dann nimmst du ihn, Walter!

HR. HOPPENSTEDT Kommt nicht in Frage, Erich …

HERR PRÖHL Dann wird eben brüderlich geteilt …

FR. HOPPENSTEDT Geteilte Freude ist doppelte Freude …
(Dummes Gelächter)

HR. HOPPENSTEDT *(zum Ober)* Also einen Kosakenzipfel!

OBER Sehr wohl. *(ab)*

HERR PRÖHL … und du stehst in der Berufsausbildung, Liselotte?

FR. HOPPENSTEDT Ja … zwei Jahre Jodelschule …

HERR PRÖHL Sehr vernünftig!

FR. HOPPENSTEDT Dann hab ich mein Jodeldiplom …

HERR PRÖHL Sehr vernünftig!

FR. HOPPENSTEDT … und ich hab dann wirklich was Eigenes …

FRAU PRÖHL … und du bist unabhängig …

HR. HOPPENSTEDT Erich, deine Frau ist doch vormittags auch berufstätig …

HERR PRÖHL Ja … Roswitha reitet dreimal die Woche …

FR. HOPPENSTEDT Toll!

HR. HOPPENSTEDT Sehr gut! Als Frau braucht man eine sinnvolle Aufgabe …

FRAU PRÖHL Zu Hause komme ich mir völlig überflüssig vor …

FR. HOPPENSTEDT … und Reiter werden ja immer gebraucht …

OBER Zwei Crème Caramel … ein Kosakenzipfel …

FRAU PRÖHL Köstlich …

FR. HOPPENSTEDT *Der* sieht gut aus!

HERR PRÖHL Vielen Dank …

HR. HOPPENSTEDT Danke schön … fang doch an, Erich …

HERR PRÖHL Neinnein …

HR. HOPPENSTEDT Ich bestehe darauf!

HERR PRÖHL Also gut, Walter ... genau bis hier! *(deutet mit dem Löffel die Hälfte an)*
(Gelächter; Pröhl isst)

FR. HOPPENSTEDT *(essend)* Ach, ist das gut!

FRAU PRÖHL Köstlich!

FR. HOPPENSTEDT *(hält ihrem Mann einen Löffel hin)* Walter, du *musst* mal probieren!

HR. HOPPENSTEDT Danke, danke ... ich bin ja gleich dran! *(trinkt seinen Wein aus und beobachtet den essenden Pröhl)*

FRAU PRÖHL *(zu ihrem Mann)* ... Na, dir schmeckt's aber, Erich!

FR. HOPPENSTEDT Lass ihn doch ...

HERR PRÖHL *(essend)* Vorzüglich! ... Genau die Hälfte ... *(schiebt den mehr als halb gegessenen Kosakenzipfel zu Hoppenstedt)*

HR. HOPPENSTEDT *(leicht indigniert)* Na ja ... *genau* die Hälfte ...?

HERR PRÖHL *(heiter)* Also abgewogen habe ich es nicht!
(Alle lachen, außer Hoppenstedt)

HR. HOPPENSTEDT Die Hälfte war ausgemacht!

HERR PRÖHL Willst du damit sagen, dass ich dich übervorteilt habe ...
(Alle lachen, außer Hoppenstedt)

HR. HOPPENSTEDT *(zieht sich den Teller heran)* Nein-nein ...

HERR PRÖHL Es klang aber so!

FR. HOPPENSTEDT ... Mit seinem Kosakenzipfel versteht Walter keinen Spaß ...
(Die Damen lachen)

HR. HOPPENSTEDT ... und wo ist das Zitronencreme-Bällchen?

HERR PRÖHL Vielleicht habe ich es versehentlich verschluckt, mein Gott …

FRAU PRÖHL Du hast aber auch wirklich zugelangt, Erich …

HR. HOPPENSTEDT *(entrüstet)* Versehentlich!! Es gab nur noch einen Kosakenzipfel, und den wollten wir teilen …

HERR PRÖHL Ja doch …

FR. HOPPENSTEDT Nu lass doch, Walter!

HR. HOPPENSTEDT … also auch das Zitronencreme-Bällchen!

HERR PRÖHL *(verunsichert)* … Dafür habe ich weniger von den Mokka-Trüffeln genommen …

HR. HOPPENSTEDT Weniger? Haha! … *(zeigt drauf)* Hier wäre die Hälfte gewesen … wäre!

HERR PRÖHL Wo?

HR. HOPPENSTEDT Hier …

HERR PRÖHL Aber *diese* Hälfte ist *dicker* … sie ist *dicker* als die, die ich gegessen habe …

FRAU PRÖHL Erich!

HR. HOPPENSTEDT Du kannst ja gar nicht *beurteilen*, wie dick *die* Hälfte war, die nicht mehr da ist!

FR. HOPPENSTEDT Walter, nu lass doch!

HERR PRÖHL Aber ich kann beurteilen, wie dick *die* Hälfte ist, die noch *da* ist …

HR. HOPPENSTEDT Offensichtlich kannst du das eben *nicht*!

FRAU PRÖHL Ich bitte dich, Erich …

HERR PRÖHL … *Du* hast doch darauf bestanden, dass *ich* den Kosakenzipfel teile …

HR. HOPPENSTEDT Weil ich dummerweise mit deiner Zuverlässigkeit gerechnet habe!

HERR PRÖHL Nein, weil du damit gerechnet hast, dass ich mir aus Höflichkeit die kleinere Hälfte nehmen würde und du dann die größere kriegst …!

HR. HOPPENSTEDT Das ist doch …!

HERR PRÖHL … Aber nicht mit mir!

FRAU PRÖHL Erich, wie kannst du so etwas sagen!

HR. HOPPENSTEDT Das ist doch …!

HERR PRÖHL Nicht mit mir!

FR. HOPPENSTEDT Ihr verderbt uns den ganzen Abend!

HR. HOPPENSTEDT *(zunehmend erregt)* Sie haben mir vom Kosakenzipfel kaum was übriggelassen … Sie haben mir das Zitronencreme-Bällchen weggegessen und wagen es noch …

HERR PRÖHL … Ich wage es zu behaupten, dass Sie mich übervorteilen wollten …!

HR. HOPPENSTEDT Das ist eine bodenlose Unverschämtheit, die ich mir in dieser Form verbitten muss …

OBER *(eilt beladen herbei und setzt im Vorbeigehen einen zweiten Kosakenzipfel ab)* … Und den zweiten Kosakenzipfel, die Herren …

HR. HOPPENSTEDT Aha!

FR. HOPPENSTEDT Na, Gott sei Dank!

HERR PRÖHL Herr Ober, Sie werden bestätigen können, dass dies doch wohl die Hälfte von *diesem* Kosakenzipfel ist …?

OBER Bitte?

HR. HOPPENSTEDT *(zum Ober)* Halt! Antworten Sie nicht … Sie sind durch diese infame Art der Fragestellung schon beeinflusst! Die Frage ist die:

Wäre eine Hälfte der zwei gleich großen Hälften von diesem Kosakenzipfel größer als diese kleine Hälfte …

HERR PRÖHL *(unterbricht)* … als diese absolut gleich große Hälfte!

HR. HOPPENSTEDT … oder wäre die kleinere Hälfte …

HERR PRÖHL … diese gleich große Hälfte!

HR. HOPPENSTEDT … wäre diese Hälfte etwa größer als eine von den beiden gleich großen Hälften?

OBER *Den* Kosakenzipfel habe ich eben serviert und den *anderen* vorhin … *(eilig ab)*

FR. HOPPENSTEDT *(hebt ihr Glas)* … Wohlsein!

FRAU PRÖHL *(hebt ihr Glas)* … Wohlsein!

HERR PRÖHL Kann man hier wohl noch ein vernünftiges Gespräch führen, ohne ständig unterbrochen zu werden?!

HR. HOPPENSTEDT Ich verbiete Ihnen, in diesem Ton mit meiner Frau zu reden!

HERR PRÖHL Dann erlauben wir uns zu gehen …!
(Pröhls springen auf, Hoppenstedts folgen)

HR. HOPPENSTEDT Die Rechnung bitte …

HERR PRÖHL Erlauben Sie …

HR. HOPPENSTEDT Bitte sehr …

HERR PRÖHL *(bezahlt im Gehen)*

FRAU PRÖHL Man soll eben auf Campingplätzen keine Bekanntschaften machen!
(Die Ehepaare stehen sich auf der nächtlichen Straße gegenüber)

FR. HOPPENSTEDT *(laut)* Sie haben uns doch zuerst angequatscht!

FRAU PRÖHL *(lauter)* … Um Sie von Ihrem besoffenen Gatten loszueisen!

FR. HOPPENSTEDT *(sehr laut)* Nein, weil Ihr sauberer Herr Gemahl, dieser Campingcasanova, hinter allem her ist, was Beine hat!

(Die Herren ziehen ihre Gattinnen in entgegengesetzte Richtungen, so dass die Paare auf der Straße Abstand gewinnen)

WEIHNACHTSMANN *(tritt an das Ehepaar Pröhl heran)* Entschuldigen Sie, brauchen Sie einen Weihnachtsmann? Für die Familienfeier, für die Betriebsweihnacht?

(Es reagiert niemand auf ihn)

FRAU PRÖHL *(schreiend)* … Jo…del…schnep…fe!!

FR. HOPPENSTEDT *(schreiend)* … Win…sel…stu…te!

WEIHNACHTSMANN *(zeigt Ausweis)* Ich bin Student …

FRAU PRÖHL *(schreiend)* … Rat…te…!

(Die Paare verlieren sich in der Dunkelheit)

DER FAMILIENBENUTZER

Gewiss, Heiligabend ist erst morgen, aber es kann immerhin nicht schaden, sich schon heute einmal ein paar Gedanken darüber zu machen, womit wir unseren Lieben aus Familie und Freundeskreis eine Freude machen könnten. In diesem Zusammenhang freuen wir uns, dass wir heute Nachmittag Frau Direktor Bartels im Studio begrüßen konnten. Sie ist Alleinherstellerin eines neuartigen Geschenkartikels, der schon Ende dieser oder Anfang nächster Woche in allen einschlägigen Geschäften erhältlich sein dürfte. Chefreporter Kurt Rösner sprach mit ihr.

RÖSNER Frau Direktor Bartels, Sie sind …

FRAU BARTELS Ich leite das führende Unternehmen der Geschenkartikelbranche und habe mir die Frage gestellt: Weiß *überhaupt* jemand, was er seinen Lieben auf den Gabentisch legen soll? Niemand weiß das, gell?

RÖSNER Hm … hm … und da haben Sie einen …

FRAU BARTELS Da habe ich *den* Bartels'schen-Familien-Original-Benutzer herausgebracht, gell? Für den Herrn, für die Dame, für das Kind, gell?

RÖSNER Ah-ja … famos, wirklich wunderhübsch, gnä' Frau … und was kann man, wie soll man … ich meine, wozu … äh …

FRAU BARTELS Bitte?

RÖSNER Ich meine, wie benutzt man den … äh … Familienverwender?

FRAU BARTELS Familien-Benutzer, Herr Rösner … Familien-Original-Benutzer … gell?

RÖSNER Ah-ja … Original-Familien-äh …

FRAU BARTELS Es ist ein Artikel, der schon durch seine gefällige Form anspricht, gell? Er ist formschön, wetterfest, geräuschlos, hautfreundlich, pflegeleicht, völlig zweckfrei und – gegen Aufpreis – auch entnehmbar. Ein Geschenk, das Freude macht, für den Herrn, für die Dame, für das Kind, gell?

RÖSNER Soso … Er ist also im weitesten Sinne als Familien-Gebraucher …

FRAU BARTELS Benutzer! … Familien-Benutzer … das sagte ich Ihnen doch schon, gell?

RÖSNER Ich wollte ja auch eben sagen, man benutzt den Familien-Verwender weniger als Gebrauchs…

FRAU BARTELS Sie sollen den Familien-Benutzer als Benutzer gebrauchen … Mein Gott, drücke ich mich denn so undeutlich aus …

RÖSNER Ich fragte ja auch nur, ob die Benutzung des Familien-Verw… äh … die Verwendung des Familien-Benutzers nur für den Familiengebrauch oder …

FRAU BARTELS Was?

RÖSNER *(schweigt irritiert – dann ganz ruhig)* Ob Sie den Familien-Original-Benutzer nur als Familien-Benutzer benutzen, oder ob beispielsweise auch im Freundeskreis ein Gebrauch des Benutzers …

FRAU BARTELS Herr Rösner, ich befinde mich in einer Anstalt des öffentlichen Rechts und lasse mich nicht in dieser Weise von Ihnen provozieren, gell? … Um es noch einmal in aller Deutlichkeit zu wiederholen: Jeder halbwegs gebildete Mensch kann den Familien-Original-Verwutzer bewenden, aber nicht als Bewender verwutzen, gell?

RÖSNER Ah, ja … vielen Dank, Frau Direktor Bartels.

FRAU BARTELS Bitte … bitte.

WEIHNACHTEN
BEI HOPPENSTEDTS

Vati und Opa Hoppenstedt schmücken den Weihnachtsbaum, an dem bereits schiefe Elektrokerzen hängen. Mutti Hoppenstedt hat viele große rote Äpfel vor sich auf dem Wohnzimmertisch und knotet Fäden an die Stiele. Jeden fertigen Apfel reicht sie an Opa weiter, der ihn Vater Hoppenstedt übergibt. Dicki, das Kind, ist acht Jahre alt und etwas rundlich.

OPA … Früher war mehr Lametta!

VATI Dieses Jahr bleibt der Baum grün … naturgrün …

MUTTI … Mit frischen natürlichen Äpfeln …

VATI Naturfrisch und umweltfreundlich …

OPA … Und wann kriege ich mein Geschenk?

VATI Jetzt wird erst mal der Baum fertig geschmückt, dann sagt Dicki sein Gedicht auf, dann holen wir die Geschenke rein, dann sehen wir uns die Weihnachtssendung im Dritten Programm an, dann wird ausgepackt, und dann machen wir's uns gemütlich …

MUTTI Nein, Walter, *erst* holen wir die Geschenke rein, *dann* sagt Dicki sein Gedicht auf und wir packen die Geschenke aus, dann machen wir erst mal Ordnung, dabei können wir fernsehen, und *dann* wird's gemütlich …

OPA … Und wann kriege ich mein Geschenk?

VATI … Oder wir sehen uns erst die Weihnachtssendung im Ersten Programm an, packen dabei die Geschenke aus und machen es uns dann gemütlich …

(Der Baum fällt um)

DICKI *(steht mit rausgestreckter Zunge in der Zimmertür)*

MUTTI Dicki, wirst du wohl in deinem Zimmer bleiben, sonst wird der Weihnachtsmann ganz böse!

(steht auf und verlässt mit Dicki das Zimmer)

OPA *(richtet mit Vati den Baum auf)* Früher war mehr Lametta!

VATI … Und dieses Jahr ist der Baum grün und umweltfreundlich.

MUTTI *(kommt mit festlichen Paketen herein, die sie auf zurechtgestellten Tischen ablegt)* Fröhliche Weihnachten! So, Kinder, es geht los … Opa hilft mir jetzt ein bisschen, und Vati knipst den Baum an … *(verlässt mit Opa das Zimmer)*

VATI *(kriecht an die Steckdose)* Ja doch … *(Der Baum leuchtet)*

MUTTI *(bringt mit Opa weitere Arme voller Pakete ins Zimmer)* Fröhliche Weihnachten …

OPA Was?

MUTTI Fröhliche Weihnachten!

VATI Fröhliche Weihnachten … *(verlässt das Zimmer)*

MUTTI Dicki, wo steckst du denn?

DICKI *(tritt mürrisch ins Zimmer)*

MUTTI Fröhliche Weihnachten, mein Schatz!

VATI *(kommt mit weiteren Paketen)* Fröhliche Weihnachten … *(stellt den Fernseher an, auf dem ein Weihnachtsbaum erscheint. Stimmungsvolle Weihnachtsmusik mit Kinderchor)*

MUTTI Dicki möchte uns ein Gedicht aufsagen … *(Vati, Mutti und Opa sehen erwartungsvoll auf Dicki)*

DICKI Zicke-Zacke Hühnerkacke …

OPA *(kichert und verlässt das Zimmer)*

MUTTI Nein, das nicht!

VATI … Und jetzt wird ausgepackt! *(Vati, Mutti und Dicki beginnen auszupacken)*

OPA *(setzt sich im Flur eine rote Zipfelmütze auf, zieht

Fausthandschuhe und einen roten Bademantel an, hängt sich einen weißen Bart um, wirft sich einen Sack über die Schulter, nimmt eine Rute und klopft an die Wohnzimmertür)

MUTTI Ja, wer mag denn das wohl sein?

VATI Herein!

OPA *(kommt schweren Schrittes als Weihnachtsmann herein und bleibt vor Dicki stehen)* Na, Dicki …

DICKI *(hält sich die Augen zu und streckt die Zunge raus)*

VATI Dicki!

MUTTI Schau mal, wer da ist!

DICKI Opa …

OPA *(reißt sich die Mütze vom Kopf und den Bart ab)* Ich will jetzt mein Geschenk haben …

VATI *(gereizt)* Hier ist dein Geschenk, Opa, und nun sei ein *bisschen* gemütlich! *(Die Familie packt hastig aus. Es wächst ein Berg von Kartons, Weihnachtspapier, Packpapier, Klarsichtfolie, Holzwolle, Styropor, Bindfäden, Glückwunschkarten, bunten Bändern, Goldschnüren, Tannenzweigen und Wellpappe)*

MUTTI Schau mal, Walter, ein Heinzelmann-Saugblaser, originalverpackt!

VATI … Eine Krawatte! *(zeigt eine styroporverpackte Krawatte, die er zu vielen anderen styroporverpackten Krawatten legt)*

DICKI *(spielt mit Kartons)*

OPA *(läuft zwischen den Auspackenden hin und her und zeigt sein Geschenk)* Guck mal, ein Plattenspieler!

MUTTI Damit du deine Lieblingsplatte immer schön in

deinem Zimmer spielen kannst! Kinder, seht euch den Baum an …

OPA Früher war da mehr … na … Dings …

VATI Schau mal, eine Krawatte! *(legt sie zu den anderen)*

OPA *(den Plattenspieler mit der Platte in der Hand, zieht den Stecker für die Elektrokerzen heraus; es wird dunkel)*

VATI Ach nee, Opa …

OPA Ich will meine Platte spielen …

VATI Du suchst dir sofort eine andere Steckdose … *(Der Weihnachtsbaum geht wieder an)*

OPA Seid doch nicht so ungemütlich … *(bläst sich einen Marsch und geht mit dem Plattenspieler zu einer anderen Steckdose)*

VATI *(hebt eine weitere Krawatte hoch)* Schau mal, eine Krawatte!

MUTTI … Kinder, ist das gemütlich bei uns …!

OPA *(hat den Plattenspieler in Gang gesetzt und stößt zu schmetternder Marschmusik seine Faust rhythmisch in die Luft)*

VATI *(gegen die Musik anschreiend und ein weiteres Krawattenpaket öffnend)* Ach nee … Opa! Sei jetzt gemütlich und guck in den Fernseher!

OPA Ja … ja … ja … ja … ja … *(schaltet den Plattenspieler ab und setzt sich vor den Fernseher)*

MUTTI Opa, guck dir doch lieber mal den Baum an!

OPA *(vor dem Bildschirm)* Tu ich ja …

MUTTI Spielt Vati jetzt wohl mit Dicki das schöne neue Spiel?

VATI *(geht zu Dicki)* … Schau mal, Dicki! … *(hebt den Deckel des Spieles hoch)* Wir bauen uns ein Atomkraftwerk! Das sind Bäume, Häuser, Kühe und Menschen … die möchten gern ein schönes Atomkraftwerk haben … und *da* bauen wir es hin … *(beginnt zu bauen)*

MUTTI Entzückend, die beiden … Ach, wenn doch jeden Tag Weihnachten wäre …!

VATI *(mit der Spielanleitung in der Hand die einzelnen Teile zusammensetzend)* … Das ist der kleine Neutronenbeschleuniger und das Kühlsystem … Schau doch mal, Dicki, ist das nicht niedlich? Dicki! … Guck doch mal! … Also spielst du nu mit oder nicht … Dicki, ich rede mit dir … sieh mal … das ist die Brennkammer …
(Dicki stößt mit dem Finger an eine Kuh)
Nicht die Kuh umwerfen! Schäm dich, Dicki … Du hast die Kuh umgeworfen! *(stellt Kuh wieder auf)* … Und jetzt stecken wir diesen winzigen Uranstab ganz vorsichtig in die Brennkammer und setzen die Sicherheitskuppel oben drauf … fertig!

MUTTI *(kniet sich dazu)* Darf Mutti auch mal zugucken?

VATI Wenn wir irgendwas falsch gemacht haben, dann soll es jetzt »Puff« machen …

MUTTI Wieso »Puff«?

VATI Mein Gott, es macht eben »Puff« … dann fallen alle Häuser um und alle Kühe und Menschen …

MUTTI Phantastisch!

VATI Aber es macht *nicht* »Puff« …!
(Das kleine Atomkraftwerk explodiert und durchschlägt den Fußboden. Durch das Loch sieht man im darunterliegenden Stockwerk ein älteres Ehepaar beim Essen)

VATI Es hat »Puff« gemacht!

MUTTI Entzückend!

VATI *(durch das Loch nach unten)* Familie Hoppenstedt wünscht frohe Feiertage …

EHEMANN *(mit Nachdruck heraufrufend) Muss* … das … sein?!

VATI *(durch das Loch)* Jawohl, es *muss* sein! Das ist nämlich ein Kinderspiel, und Weihnachten ist das Fest des Kindes … guten Abend …
(richtet sich auf, zur Familie) Kommt, wir legen was drüber … *(legt mit Mutti Weihnachtspapier über das Loch)*

MUTTI Vati, wir sind stolz auf dich!

VATI Ich habe keine Lust, mich Heiligabend mit diesen Spießern rumzuärgern!

MUTTI So, Kinder, jetzt machen wir's uns gemütlich!

VATI … Erst wird aufgeräumt …
(lädt sich einen Haufen Kartons auf die Arme und verlässt das Zimmer)

MUTTI … Und du gehst jetzt ins Bett, Dicki … wenn's am schönsten ist, soll man aufhören!
(ergreift Verpackungsabfälle und geht zu Vati in den Flur)

OPA *(marschiert zu den Klängen der Marschmusik durchs Zimmer, tritt in das abgedeckte Loch und bleibt mit einem Bein bis zur Hüfte darin stecken)*

VATI *(beladen im Flur)* Wir stellen einfach alles ins Treppenhaus … mal sehen, ob die Luft rein ist … *(öffnet vorsichtig die Wohnungstür. Eine Lawine von Verpackungsmüll stürzt in den Flur und begräbt Vati und Mutti unter sich. Ein Weihnachtschor mischt sich mit anschwellender Marschmusik)*

BÄNDE DER REIHE
»BESSER LEBEN MIT LORIOT«

REISEN
MIT LORIOT

ZURÜCK ZUR NATUR
MIT LORIOT

KOCHEN & GENIESSEN
MIT LORIOT

WOHNEN
MIT LORIOT

DURCHS JAHR
MIT LORIOT

WEIHNACHTEN
MIT LORIOT

SCHÖNER LEBEN
MIT LORIOT

KINDERFREUDEN
MIT LORIOT

DURCH DIE WOCHE
MIT LORIOT

Loriot
Weihnachten mit Loriot

Hrsg. Susanne von Bülow,
Peter Geyer, OA Krimmel

128 Seiten, Pappband,
14 × 18 cm

ISBN 978 3 257 02147 9

»Es blaut die Nacht,
die Sternlein blinken,
Schneeflöcklein leis herniedersinken ...«

Alle Jahre wieder! Auch wenn früher mehr Lametta war, ist Weihnachten mit Loriot immer noch am schönsten. Neben dem legendären Adventsgedicht versammelt dieser Band mehr als 130 Zeichnungen über emsige Festvorbereitungen, Geschenke, die garantiert Freude machen, und besinnliche Stunden an Heiligabend.

Das Buch zum Weihnachtsfest — inklusive erbaulicher Vorsätze für das neue Jahr.